ALFONSO REYES

Cartones de Madrid

Comunidad de Madrid
Consejería de Cultura
SECRETARÍA GENERAL TÉCNICA

FONDO DE CULTURA ECONÓMICA

Primera edición en F.C.E., *Obras Completas,* t. IV, México, 1956
Segunda edición, Colección Tezontle, Madrid, 1989

Esta edición se realiza en colaboración con la Consejería de Cultura, Secretaría General Técnica, de la Comunidad de Madrid.

D.R. © 1989 FONDO DE CULTURA ECONÓMICA, S.A. de C.V.
Avda. de la Universidad, 975; 03100 México. D.F.
FONDO DE CULTURA ECONÓMICA, SUCURSAL EN ESPAÑA
Vía de los Poblados (Edif. Indubuilding-Goico, 4°-15). 28033 Madrid

Diseño de cubierta: Alfonso Muñoz
Ilustración: Antonio López, *Gran Vía* (1974-1981), óleo/lienzo.
    Fondo de Ricky Pizarro.

I.S.B.N.: 84-375-0293-4
Depósito legal: **M-39389-1989**

Impreso en España

Alma College
Library

CARTONES DE MADRID

TEZONTLE

INTRODUCCIÓN

LA PROLONGADA ESTANCIA de Alfonso Reyes (1889-1959) en España fue en muchos sentidos toda una aventura. Allí consolidó el prestigio literario apenas esbozado por su primer libro, *Cuestiones estéticas* (París, 1911), pero también en España es donde se enfrentaría sin ambages a un concepto idealizado desde su adolescencia: el concepto de libertad. Mientras por un lado Reyes había siempre coqueteado con la posibilidad de realizar estudios en el extranjero, por otro sus miedos adolescentes y provincianos tuvieron siempre más peso que cualquier indicación o sutil imposición del dominicano Pedro Henríquez Ureña, su tutor a distancia. Alfonso Reyes, a final de cuentas, saldría efectivamente de México; sólo que esta aventura se impregnó de significados mucho más complejos que los ideados al principio por él mismo.

El autor regiomontano llegará a España procedente de Francia, donde había vivido una primera etapa de exilio político. Muerto su padre, el general

Bernardo Reyes, al intentar el 9 de febrero de 1913 la toma del Palacio Nacional y el derrocamiento de Francisco I. Madero, Alfonso se alejaba del poder opresor simbolizado por el huertismo vinculándose a él, paradójicamente, desde París. Después de rechazar la secretaría particular del ya para entonces presidente Victoriano Huerta —golpista efectivo de Madero— y como funcionario de la legación mexicana en Francia, Reyes permanecerá dentro y fuera del sistema. Será una pieza secundaria y casi anónima. Pero también gracias a esta circunstancia, al aceptar las reglas de un mecanismo político que ha visto con frecuencia a la diplomacia como una forma velada de expulsión, comenzará él a trazarse su propia senda libertaria. En 1914 el exilio de Alfonso Reyes se haría palpable y definitivo, pues a la inicial y elegante marginación política y cultural se agregaba la desventura laboral y económica propiciada por el estallido de la Primera Guerra Mundial. Derrotado finalmente Huerta, el «Primer Jefe del Ejército Constitucionalista», Venustiano Carranza, desconocía a todo el cuerpo diplomático mexicano destacado en Europa para evitar vinculaciones no deseadas con alguno de los bandos combatientes o, simplemente, malos entendidos políticos. De esta forma un poco inesperada, Alfonso Reyes se vio de pronto en la necesidad —¿no deseada en el fondo?— de emigrar al Sur, de pretender el cumplimiento efectivo de aquella entelequia idealizada a la distancia: vivir de la literatura.

Después de una breve estancia en San Sebastián, donde radicaba su hermano Rodolfo, asimilado también al gabinete huertista como ministro de Justicia y, desde luego, al poco tiempo encarcelado por el Gobierno y expulsado del país, Alfonso Reyes partirá rumbo a Madrid, a «sitiar» la ciudad como lo hiciera otro mexicano, Juan Ruiz de Alarcón. Reyes, en cierta forma, conocía ya España a través de sus clásicos literarios, de sus pintores; en Francia, incluso se había relacionado con dos de los más polémicos y significativos hispanistas del momento: Raymond Foulché-Delbosc y Ernest Martinenche. La familia Reyes Ochoa, además, estuvo siempre muy cerca de la colonia hispana de Monterrey, su ciudad natal. Y él mismo se había adentrado involuntariamente en la historia de este país al nacer el día de San Pascual Bailón, o sea, el mismo que el rey Alfonso XIII, aunque tres años después. Pero el desventurado cese del cuerpo diplomático mexicano, que afectaba a otros tantos coterráneos como el ilustre Amado Nervo, le brindó la oportunidad de entrar en contacto no sólo con la España clásica o tópica sino sobre todo con su efervescente medio cultural, concentrado primordialmente en Madrid.

Alfonso Reyes dividirá su larga permanencia en la capital en dos etapas: la primera, de finales de

1914 a finales de 1919, en que se sostendrá exclusivamente de trabajos literarios y, como él dice, en «pobreza y libertad», y la segunda, de 1920 a 1924, que será económicamente más holgada pues se reintegrará a la vida diplomática. Asimismo, Reyes clasificará su actividad literaria madrileña en cuatro grandes divisiones condicionadas en lo fundamental por las distintas calles y casas donde vivió, ya fuera solo como con su familia, o compartiendo los espacios más íntimos con José María Chacón y Calvo, Antonio Solalinde, Martín Luis Guzmán, Jesús Acevedo o Pedro Henríquez Ureña, además de valiosos escritores de los dos continentes y estudiosos de la lengua, síntesis de lo que Reyes consideraría como el auténtico hispanoamericanismo. Su acercamiento al corazón espiritual de España, su enamoramiento con lo hispánico en el amplio sentido de la palabra, será para Alfonso Reyes un asunto, por un lado, vivencial y profesional, pero por otro hasta de orden urbanístico. Así, conforme Reyes se vaya empapando más y más en la vida de este país, aunque nuevo para él en absoluto desconocido como ya he indicado antes, irá penetrando su espíritu al tiempo que se aproxima al corazón mismo de Madrid.

La primera residencia en forma de Reyes estará en la calle dedicada a José María de Torrijos —hoy Conde de Peñalver—, independentista madrileño a la manera de sus contemporáneos Javier Mina o Fray Servando Teresa de Mier. Aquí Reyes terminará su libro *Visión de Anáhuac (1519)* (Costa Rica, 1917), publicará estudios sobre Góngora y Gracián en la *Revista de Filología Española* y otras colaboraciones sobre literatura en *El Sol, Revista de Occidente, Revue Hispanique* —dirigida por Foulché-Delbosc— y en periódicos y revistas de La Habana y Nueva York. Más adelante, Reyes se trasladará un par de manzanas hacia el centro, sin salir del barrio de Salamanca, a la calle de General Pardiñas —nombre de otro militar, gallego como el vecino de Reyes, Valle-Inclán, aunque ahora del bando perseguidor de los liberales—, justo a la vuelta de la calle dedicada al religioso sevillano Alberto Rodríguez Lista y Aragón (1775-1848), precoz erudito, poeta, ateneísta en Madrid, cuyo profundo liberalismo llevaría también a numerosos exilios. En su piso de General Pardiñas, además de continuar una intensa labor erudita y periodística, Reyes «aderezó» y dio a la imprenta *El suicida* (1917), libro que reunía ensayos elaborados en México, París y Madrid. A la vuelta de Pardiñas, en la mencionada calle de Lista —hoy Ortega y Gasset— vivía además uno de los personajes más interesantes del Madrid de entonces —a caballo entre el siglo XIX y el XX—, y de los que mejor comprenderían la situación económica y emocional del regiomontano: Luis Ruiz Contreras, famoso traductor de Anatole France y editor, por el breve tiempo de existencia, de la *Revista Nueva*[1]. Es importante señalar la relación amistosa y profesional que mantuvo el mexicano con Ruiz Contreras, ya que éste será el que lo acerque a otra actividad ampliamente desarrollada por Reyes en España: la traducción, sobre todo de autores de lengua inglesa. Su última dirección, vuelto ya a la vida diplomática y con un ánimo absolutamente distinto del que lo llevara a Europa en un principio, será la lujosa calle de Serrano —apellido con resonancias históricas para México—, que se ubica también dentro del triángulo salmantino del Ensanche de Madrid. De esta etapa en que el trabajo literario cedió un buen espacio al diplomático, surgirán no obstante muchos y variados libros de estudio e impresiones de España: *El cazador* (Madrid, 1921), *Simpatías y diferencias* (cinco series, Madrid, 1921-1922), *Retratos reales e imaginarios* (México, 1920) y *Calendario* (1924). Pero también en estos momentos culmina el mexicano su primer libro de poesía: *Huellas* (México, 1922). Al final de la breve enumeración de sus casas, apuntará Reyes:

> Como se ve, abundan los nombres de generales: es un sino[2].

---

[1] Véase el artículo de Reyes «El gimnasio de la 'Revista Nueva'» *(Obras completas,* IV. México, FCE, 1956, pp. 360-362).

[2] *Historia documental de mis libros,* México. *Universidad de México,* vol. IX, # 9, V-1955, p. 13.

Y de santos —en muchos sentidos— y religiosos, agregaría yo. Pero en realidad serán cuatro los puntos de la ciudad habitados, vividos intensamente por Alfonso Reyes. El primero fue desde luego el viejo centro, lleno de literatura e historia no sólo de Madrid sino del país entero e impregnado de resonancias mozárabes y aun americanas. Esta entrada de lleno en la médula de lo hispánico será, como confesaba otro mexicano de entonces, Luis G. Urbina, respecto de sus primeras crónicas de exilio en España —transcurridas entre la calle del Pez, en el barrio del Refugio, y la Plaza de Santa Ana, en el viejo Madrid de los borbones—, visceral y en cierta forma epidérmica[3]. Pero también, el enfrentamiento desnudo, con el miedo a cuestas de lo que se dejaba atrás envuelto en la guerra y lo que por primera vez veía como algo real e ineludible: la necesidad de vivir de su trabajo intelectual, trazarán en Reyes un surco imborrable. El gusto por la obra de Goya, seguramente conocida desde México a través de estampas de regular calidad, obra de dos caras tan distintas y al mismo tiempo tan próximas entre sí, resultará algo natural para Reyes, por haber penetra-

---

[3] Reyes considerará a su libro, en el texto introductorio, sólo un «cuaderno de notas y rápidos trazos, testimonio de lo más superficial que he visto en Madrid..., primeros prejuicios de la retina» *(Obras completas,* II. México, FCE, 1976, p. 47.

do, caído desde un principio en el caldero donde mejor se cuece el espíritu de un pueblo.

Al comentar un romance donde Góngora parecía hacer «el relato de su propia vida provinciana»[4], Reyes introducirá dos argumentos, aparentemente opuestos, que sin embargo completaban el cuadro del claroscuro español:

> La crítica encuentra en este romance —escribe el autor— un tono de voz parecido al de La Fontaine. Los comienzos nos recuerdan el «Cazador», de Goya, que está en los tapices del Prado. Pero hay en el romance cierta vulgaridad consentida[5].

Reyes iniciará su incursión española dispuesto a la captura de lo que se ponga primero ante sus ojos. Y esto será, al llegar por primera vez a la capital, la España de aguafuerte goyesco que tan bien retrataría por esos años José Gutiérrez Solana. La portada de la primera edición de sus *Cartones de Madrid* (México, 1917) reproduce, y no por casualidad, el capricho «Dios la perdone: Y era su madre», del aragonés. La *maja* allí representada, delicada de porte, elegante y que podría haber salido de alguno de los coloridos tapices del Prado, manifiesta no obstante el desprecio humano en su más refinada crueldad.

---

[4] Alfonso Reyes: *Obras completas*, VII. México, FCE, 1958, p. 177.
[5] *Ibíd.*

La hija, que gracias al azar se ha enriquecido, lo primero que hace es negar todo su pasado, comenzando por el que significa su propia madre. *Cartones de Madrid*, precedido por el siguiente brindis: «A mis amigos de México y Madrid, salud», se iniciará con la crónia «El infierno de los ciegos». Este título y algunos de los que le seguirán parecerían leyendas extraídas de los grabados dedicados por Goya a las miserias humanas más aberrantes; y sin embargo, las estampas por escrito a que aluden no son sino la condensación de actitudes cotidianas que aún hoy en día se ven en ciertos barrios de Madrid. La llegada de Reyes a esta Villa y Corte —de la que en algún momento Reyes se declarará, bajo la mirada suspicaz de Manuel Azaña, «voluntario»—, los primeros días de trashumar de pensión en pensión por el Madrid antiguo, darán cuerpo a estos pequeños apuntes, a la manera del aguafuerte, que Julio Torri y Manuel Toussaint —encargados de la edición del libro— identificarían desde México con las escenas de Goya.

Alfonso Reyes, en una de las poquísimas páginas que dedicará en su *Diario (1911-1930)* (México, 1969) a España —o más propiamente, a su época española—, describirá su primer contacto con el ambiente intelectual en este breve esbozo, que se inicia con algo que podrían ser el título y las acotaciones de una zarzuela:

Tardes del Ateneo. Compañía de geniecillos indiscretos. Amistad naciente de Díez-Canedo, que conoce la literatura mexicana. El me presenta con Acebal, en La Lectura, para cuya colección de clásicos prepararé un Ruiz de Alarcón. El caballeroso Acebal, mientras nos recibe, apura un vaso de leche. A su lado, otra barba francesa (o mejor del Greco): Juan Ramón Jiménez, sonrosado y nervioso, dueño de raras noticias médicas adquiridas a través de exquisitos males. Me mira con ojos desconfiados y ariscos[6].

Pero esta brevísima comedia de equivocaciones había sido precedida, sólo unas cuantas líneas arriba, por el siguiente grabado nocturno y, más que de misterio, lleno de esa vulgaridad callejera tan cercana por momentos al mundo de Quevedo:

Teatro madrileño: público de caras fruncidas en cicatriz, que ruge, soez. Hampa que injuria a las cupletistas. La injuria de la calle de Atocha, como el piropo de la calle de Alcalá, son amor represo, imaginación turbada.

Por una peseta, salen hasta doce mujeres, una tras otra, o dos a un tiempo en una danza de empellones y obscenidad cruda. Cantan mal, bailan regular. Una, admirablemente. Si Dorian Gray la

---
[6] Alfonso Reyes: *Diario (1911-1930)*. México, Universidad de Guanajuato, 1969, p. 39.

descubre aquí, se casa con ella. La bailarina se entrega a la danza y no oye al público. Su garganta se martiriza y sus ojos se extravían. Lo demás: camareras escapadas de noche, debutantes pobres, camino del prostíbulo. Saben reír cuando el público las maltrata[7].

Este tono donde el claroscuro irá en vaivenes de contraste, se trasladará, de posada en posada y —apunta Reyes— en una especie de *Lazarillo de Tormes,* a los *Cartones de Madrid.* La huella trazada por esa breve aventura en el viejo corazón de la Villa y Corte, Reyes la proyectará hacia el lector a través de una escritura a líneas —si se me permite la analogía— llena de espacios luminosos, pero donde se deslizan también las sombras más grotescas e intemporales. Los títulos de las crónicas que siguen a la ya mencionada serán como las distintas varillas del abanico español que, al irse desplegando, descubrirán poco a poco un complejo paisaje de costumbres y características populares. Y este abanico vendrá a ser el encuadre panorámico del todo Madrid, en esencia, que se despliega frente a la Pradera de San Isidro. Sólo que Reyes, al contrario de Goya, comenzará el recorrido de su colección de estampas entre las cúpulas de San Pedro el Viejo, San Francisco el Grande o San Antonio de los Alemanes; ob-

---

[7] *Ibíd.,* pp. 38-39.

servará —con la vista y el oído— lo que sucede en las calles de Alcalá o Atocha, se colará por entre los barrios y las callejuelas de luces escasas y sesgadas para concluir este primer *reconocimiento* del terreno en el luminoso primer plano del cuadro goyesco donde, para Reyes, además del pueblo en fiesta, se condensa la vida intelectual española y donde aparecen por fin, junto al cubismo —aún incipiente en España—, los dos grandes factores que dominan el paisaje de este viejo segmento de Castilla la Nueva, personajes telúricos y casi humanos correspondientes en importancia, para Francisco Giner de los Ríos, Manuel B. Cossío —el comentarista del Greco— y Ramón Menéndez Pidal[8], en cierta forma, a los volcanes del Anáhuac para los ateneístas mexicanos. Me refiero desde luego a la sierra del Guadarrama y al Manzanares, «arroyo aprendiz de río» en palabras de Quevedo. Más adelante, las diferentes estancias en los barrios madrileños darían a Reyes muchos pretextos para su literatura. La inesperada muerte del médico y novelista Felipe Trigo en la Ciudad Lineal, moderno proyecto urbanístico en las afueras de Madrid —la avenida Arturo Soria lleva este nombre en honor a su creador—, por ejemplo, sería el detalle que terminó de dar cuerpo a *El*

---

[8] Véase: «Un recuerdo de año nuevo» *(Obras completas,* IV, pp. 393-397).

suicida, libro ya mencionado «de divagaciones» sobre la conducta humana en el que ocupa un primer plano el estudio de la melancolía, tema vinculado al exilio y que ya había sido de interés, entre científico y literario, del influyente ensayista británico Robert Burton (1576-1639).

En fin, ese Madrid de paseos arbolados, tranvías y carruajes que veía apenas nacer La Gran Vía y, anterior a la Guerra Civil, conservaba casi intactos los edificios y espacios acostumbrados por algunos de los autores más relevantes de la lengua española; el Madrid de Gómez de la Serna, Valle-Inclán, Ortega y Gasset, Azaña, la Residencia de Estudiantes y las tertulias que congregaron a buena parte de la intelectualidad que daría cuerpo a la II República será el que Alfonso Reyes retrate —como hacían en la prensa sus contemporáneos, el fotógrafo Alfonso y el caricaturista Bagaría— en sus *Cartones de Madrid*. Este libro de «estampas», no de viaje sino de permanencia, será el trasfondo de muchas otras páginas de impresiones eruditas o poéticas que irá Reyes dejando en libros, periódicos y revistas, pero también significará el primer acercamiento en forma a esa «Europa sui generis, a mucha honra», que concluyó el regiomontano de España. Y más concretamente, al efervescente Madrid de entonces cuya importancia cultural e íntima evidenciaría Alfonso Reyes con las siguientes líneas:

¡Y qué Madrid de aquel entonces, qué Atenas a los pies de la sierra carpetovetónica! Mi época madrileña correspondió, con rara y providencial exactitud, a mis anhelos de emancipación. Quise ser quien era, y no remolque de voluntades ajenas. Gracias a Madrid lo logré. Cuando emprendí el viaje de San Sebastián a Madrid, pude sentir lo que sintió Goethe al tomar el coche para Weimar[9].

HÉCTOR PEREA
Ciudad de México, agosto de 1989

---

[9] *Historia documental de mis libros, Universidad de México,* vol. IX, # 7, marzo de 1955, p. 6.

CARTONES DE MADRID
[1914-1917]

A MIS AMIGOS DE MÉXICO
Y DE MADRID,
SALUD:

*G**autier, pintor antes que poeta, se quejaba de que nuestra civilización fuese poco colorista. Después de él, han fracasado las últimas teorías literarias del color: ¿hay cosa más desacreditada, en efecto, que las teorías del color local? Buscamos ahora la realidad algo más allá de los ojos. Los mismos pintores han comenzado a desdeñar el dato naturalista de los ojos, y ya los cubistas se precian de ver con las manos, con el sentimiento muscular de la forma. No sin cierto regocijo, como el estoico, parece gritar nuestra civilización: «¡Perdí los ojos!»*

El primer ataque a los ojos, a la objetividad visual, comienza con el descubrimiento de la escritura: en cuanto la línea cobra una intención jeroglífica, gana para el entendimiento lo que pierde para la sensibilidad. Recorred las salas de los museos: veréis que, invariablemente, la pobre gente ha dejado de ver los cuadros por leer los letreros que aparecen al pie. No se perdería mucho si se suprimieran los letreros. De igual modo, los hombres no se conforman con que los veamos; quieren sobre todo, que los leamos.

No dudo que compartáis este sentimiento, al menos de un modo relativo. No dudo que os parezca ligero este cuaderno de notas y rápidos trazos, testimonio de lo más superficial que he visto en Madrid. ¿Necesito aseguraros que no para en esto mi interpretación de Madrid? ¿Necesito explicaros que sólo he querido reunir, en este cuaderno, esos primeros prejuicios de la retina, esos primeros y elementales aspectos que atraen los ojos del viajero? Poco a poco, me fui convenciendo de que el ibis o la flor de loto eran letras y que, juntas, tenían un sentido que era menester descifrar. Mientras tanto, me entretuve simplemente en mirarlos. Tampoco respondo de algunos resabios amargos de este primer gusto: consideren mis amigos que muchas de estas notas están hechas a media noche, rodando solo por esas posadas de Madrid, sin saber a lo que había venido y bajo el recuerdo de las cosas lejanas.

Madrid, mayo de 1917.

I. EL INFIERNO DE LOS CIEGOS

> Santa Lucía nos libre
> del mal de gota serena...

El mendigo y la calle de Madrid son un solo cuerpo arquitectónico: se avienen como dos ideas necesarias. La calle sin él fuera como un rostro sin nariz. Él es su cariátide y a la vez su parásito: le da consistencia y vive de ella. Es su parte más sensible, la que le comunica emoción. Como una supervivencia medieval (en aquellos siglos el pueblo cantaba la *Danza de la Muerte* y los nervios eran más duros), os sale al paso para sobresaltaros.

Hay un manco por Alcalá que pide limosna ofreciendo el fuego a los fumadores. Atisba, contraído de atención, el instante oportuno y, cuando alguien lleva el cigarrillo a la boca, frota el fósforo en su muñón de palo. El margen de probabilidad es mínimo: un segundo de vacilación, un soplo de viento, y la dádiva está perdida. Aquella viejecita, que pudiera ser una reliquia sagrada, canta tonadas ligeras a la puerta de los cafés. Otro, con un grito agudo y destemplado, acata terriblemente la fatalidad:

> Las verdades no las quiero;
> los consejos me hacen daño...

Hay ciegos guitarristas, murgas de ciegos, ciegos cantores, recitadores o meros implorantes; ciegos salmistas y ciegos maldicientes. Hay, en fin, los «oracioneros vistosos» de Cervantes: los falsos ciegos.

Con una crueldad castiza y rancia, el ciego de la calle de Carretas arroja su amargura a la cara de los pasantes en esta frase escueta, evidente:

—No hay pena como haber visto y no ver, hermanos.

(Dante la hubiera incrustado en sus tercetos.)

A unos los acompañan niños, mujeres; otros van solitarios, dando tropezones como para localizar al ente caritativo. A otros los guía la bestia fiel, la única de que se ha olvidado Buffon: el perro del ciego.

La ceguera ¿es hija del sol? Parece que la cultivara esta raza como una exquisita flor del mal.

> Ciegos bien como vestiglos,
> del mundo non vemos nada.

Así rezan las coplas que les componía el Arcipreste de Hita, siglo XIV.

II. LA GLORIA DE LOS MENDIGOS

Es lugar común entre los no conformistas españoles que el daño fundamental de la patria viene del procedimiento picaresco. Encarna, dicen, en la perniciosa listeza del político, en la espontánea sofistería del pueblo y hasta en su «teologismo» hereditario. Pero donde sin disputa este arte de engaño adquiere relieve mayor y aun tintes trágicos, es donde se aplica al más aguzado de los fraudes, a la más absurda paradoja práctica: al hábito, perpetuado en el arrabal, de no comer.

Cuando el héroe de la gesta llama a todos «los bachilleres pobles», o cuando el poeta moderno increpa a los «muertos-de-hambre de toda la España», tratan ambos de encauzar para algún objeto superior aquella energía gastada en regatearse el sustento. Pero la picaresca perdura, y la picardía suprema sigue practicándose alegremente. El hambrón se echa migas en las barbas para hacer creer que ha comido, y trae los pantalones raídos bajo la capa. A la Novela Española, imagen de esta trabajosa vida, han podido llamarla, sin hipérbole, la epopeya del hambre.

Hay un día, sin embargo, en que el pícaro se cansa: agótase la artimaña, se rinde el orgullo; la existencia, ruda, quiebra con su empuje a los muy sutiles. La mentira ya no aprovecha, y entonces resulta más útil la verdad. Del pícaro fatigado ha podido provenir el mendigo.

Implorar la caridad de la gente puede ser cínico, incómodo; pero es honrado y —lo que equivale a la honradez en el cielo de la razón pura— es directo. El acto de mendicidad es la esencia de todo acto utilitario. Tal vez lo que llamáis vuestro trabajo, el trabajo que os gana el sueldo, no es más que un sortilegio picaresco en redor de esta idea desnuda: pedir. Así, el trabajar para comer tiene, ante el mendigar, las ventajas sociales y las desventajas éticas que suele tener la mentira ante la verdad. Cabe, pues, considerar al mendigo como una decadencia social, mas como una regeneración ética del pícaro. Si en las calles de la ciudad veis un mendigo por cada fullero de antaño, será porque el pueblo se corrige.

Y el impulso de mendicidad desborda el disfraz con que, a veces, quieren solaparlo: el vendedor callejero no os vende propiamente su especie, sino que exige vuestra limosna, tratando de imponeros, en cambio, el billete de lotería o el periódico. Se ha visto al labrador dejar bueyes y arado para alargar la mano al caballero que pasa por el camino: he aquí un símbolo que quiero ofrecer a los fisiócratas. Porque bien puede ser la tierra la fuente misma de la riqueza, mas el acto primordial del lucro consistirá siempre en pedir, en mendigar.

Lo entendió muy bien don Juan Ruiz de Alarcón y Mendoza. En *Las paredes oyen*, he encontrado los siguientes versos que me comprueban:

> Porque ¿dónde encontrarás
> hombre o mujer que no pida?
> Cuando dar gritos oyeres
> diciendo: *¡lienzo!* a un lencero,
> te dice: *dame dinero*
> *si de mi lienzo quisieres.*
> El mercader claramente
> diciendo está sin hablar:
> *dame dinero, y llevar*
> *podrás lo que te contente.*
> Todos, según imagino,
> piden; que para vivir
> es fuerza dar y pedir
> cada uno por su camino:
> con la cruz el sacristán,
> con los responsos el cura,
> el monstruo con su figura,
> con su cuerpo el ganapán;
> el aguacil con la vara,
> con la pluma el escribano,
> el oficial con la mano,
> y la mujer con la cara.

III. TEORÍA DE LOS MONSTRUOS

Ya se sabe que Goya pintó monstruos y que antes los había pintado Velázquez. Este hombre de fuerte razón se conformó con las monstruosidades anómalas (si vale el pleonasmo), de esas que se ven de tarde en tarde, y las retrató tan a conciencia como si fueran dechados de belleza. El otro, calenturiento, descubrió la monstruosidad cotidiana y la trató a golpes nerviosos, como a verdadera aberración. Mientras para Velázquez resultaba un juego de la naturaleza, el absurdo fue para Goya el procedimiento constante, más o menos disimulado, de la naturaleza.

En efecto, este género de humorismo blasfemo y cruel es tardío: no viene del Renacimiento. Entre un pintor y otro pintor hay todo un latido filosófico.

El paseante de los barrios bajos tropieza, acaso, con una teoría de deformes. Comienza por contemplar, a lo Velázquez, con aristocrática atención, un monstruo, dos monstruos, tres. Ve pasar enanos, hombres con brazos diminutos o con piernas abstractas, caras que recuerdan pajarracos y pupilas color de nube. Al cabo, la frecuencia de la impresión se dilata en estado de ánimo. Ya no cree haber visto algunos monstruos, sino una vida monstruosa. Ahonda de Velázquez hacia Goya. La existencia misma va cobrando entonces aspecto de fracaso, la línea recta gesticula, el mundo está mal acabado. Y nace así un pesimismo hueco y sin dogma: un pesimismo de los ojos, del tacto, de todo el sentido muscular.

Hay pueblos que tienen fortaleza de Rey: ríen de los deformes y les hacen representar escenas de travesura. Pasan junto al mal sin dolerse. Sienten la herida y la equivocan por cosquilleo. Cualidad infantil es ésta; porque el amor de lo absurdo forma parte del apetito destructor, y todos los niños son como Goethe niño, que arroja por el balcón de su casa toda una alfarería de cocina. Despedazar el juguete y reír de la negación, he aquí la conciencia infantil. Ni la roja sensación del infierno despierta esos perezosos sentidos. La mula de Rabelais destroza al monje que la cabalga, y ríe el pueblo como príncipe que ignora el dolor. Los yangüeses aporrean al hidalgo... ¡Oh Guignol, Guignol! Nadie quiere tomar en serio a Polichinela.

IV. LA FIESTA NACIONAL

Por Alcalá, y como si fueran a la Plaza de Toros, suelen desfilar los cortejos rumbo al cementerio. Van gentes a pie, coches de alquiler, coches de hotel y hasta carretas de basura. El hijo del pueblo, que los ve pasar, no se atribula ni tiembla: se descubre, contempla familiarmente el féretro, y aun parece que se le oye lanzar aquella salutación elíptica en que se refleja su alma franca:

—¡Buenas!

Como quien saluda al vecino: ¡Buenas! El muerto es el amigo invariable. Todos los días se piensa en él y a diario se le mira pasar por las principales calles, que acaso le están dedicadas. ¡Buenas! Es el muerto de siempre, el mismo de ayer, el de mañana.

El cortejo llega al cementerio; pero, de regreso, se detiene en las Ventas. Allí la compañía se alegra, y hay guitarras. Es la juerga sorda, la juerga fúnebre, tan característica. (A la memoria del lector ¿no acuden las coplas grotescas de *La mala sombra?* Hay allí unas palabras llenas de verdugo y de camposanto.) Y la procesión es continua, como una fábula perenne y sin moraleja: mientras unos van con el muerto, otros vuelven con la guitarra.

Considerar la muerte con ojos familiares ¿dónde se ha visto? Para el pueblo estoico, ir al cementerio es como una fiesta popular.

Francisco A. de Icaza, docto en novelística española, me ha dicho:

—Asociar el amor y la muerte lo han hecho siempre los hombres; pero asociar la muerte y la risa, sólo un pueblo: por desdén al dolor, por desdén al trajinar de la vida. En la novela italiana del Renacimiento, hay historias de travesura que repiten en mil formas el motivo del fraile alegre y de la monja casquivana. En Francia, los asuntos meramente literarios se entretejen con los galantes. Sólo en España hay una literatura cómica de la muerte, y libros dedicados a narrar dichos agudos de los agonizantes. Y la tradición no se ha borrado.

Y aquí tres cuentos.

Ventura de la Vega, en el tránsito, reúne a sus deudos e íntimos para revelarles el secreto de su vida. Todos esperan terribles cosas:

—¡Me carga *el* Dante! —les confiesa.

Luis Taboada, moribundo, llama a su hijo:

—Ve —le dice— a la Parroquia de San José, y di que me manden los Santos Óleos; pero que sean buenos, que son para mí.

Y el novillero. El novillero que acosaba día y noche al «Lagartijo» pidiéndole la alternativa. Murió una tía de éste a quien él tenía por segunda madre. Pidióle el novillero la alternativa por el alma de su señora tía, y cedió el torero, como sensible. El primer toro que toca lidiar al nuevo matador resulta toro de bandera, que lleva la muerte en los cuernos. El padrino le ayuda, le prepara el toro:

—¡Tírate ahora! —le grita.

Y el ahijado se perfila; sabe que no podrá, da por segura la cornada y, resuelto a todo, vuelve un instante los ojos al maestro: advierte entonces el brazal negro, el traje negro y oro de «Lagartijo» que recuerda el luto reciente y, antes de arrancarse, todavía tiene tiempo —¡y ánimo!— para decir, jugando la vida y el vocablo:

—Maestro, ¿qué se le ofrece para su señora tía?

He aquí un pueblo que no teme a la muerte. Más aún: se hombrea con ella. La muerte, a veces, le hace reír. Las desgracias de Don Quijote, las villanas burlas de sus huéspedes, hacían reír a Cervantes: evoluciones de la sensibilidad, ha dicho sutilmente «Azorín». «Guzmán de Alfarache» ve venir a uno que sale de la posada destemplado de risa. Oíd lo que imagina: «Sospeché si fuego del cielo consumió la casa y lo que en ella estaba... o, por lo menos... que, colgada de los pies en un olivo [la ventera], la hubiesen dado mil azotes, dejándola por muerta: *que la risa no prometió menos.*»

¿Que la risa no fue para menos? ¿Así, cínicamente, para deleite de los propios infiernos?

He aquí un pueblo que no teme a la muerte. Más aún: se hombrea con ella.

En los caprichos de Goya, en los dibujos de atormentados, de enfermos, de coji-mancos, hay unas palabras de burla espesa y buenota, llenas de cruel compasión:

—Pronto acabarán tus males...

—Ya te vas a morir, ¡qué bueno!

Y en sus cuadros negros, aquellos viejos de cara zorruna parecen sonreír con una alegría imperdonable: la alegría de sentirse horribles; de ser pesadillas, endriagos; de ir de juerga a los camposantos; de danzar toda una noche en ronda con los muertos.

¡Oh, mantos de murciélago, buitres-chambergos, manos leñosas, rostros picudos, nubes pestilentes!

V. EL ENTIERRO DE LA SARDINA

Pongamos un paréntesis a la ley social. Bajo el disfraz, que autoriza todas las franquezas, en la boca hueca de la máscara ríe el carnaval, rito higiénico de los desahogos.

En el poema de la Edad Media, Don Carnal se presenta matando y desollando reses. En las modernas prácticas madrileñas, el Carnaval se despide, hoy miércoles de ceniza, con el simbólico Entierro de la Sardina.

Pasemos de largo por la Castellana, sin reparar en las familias que se aburren oficialmente desde las tribunas o en las carrozas floreadas (¡oh triste carnaval sin música!). Hay que vadear el Manzanares: Madrid se realiza fuera de Madrid. He aquí el puente de la Reina Victoria, allí la Fuente de la Teja. Estamos en una pradera de troncos altos y derechos con ramos en las puntas: la Pradera del Corregidor. A lo lejos, las vidrieras del Palacio Real llamean de sol, por entre las varas de un paisaje de Isser. Hay una humedad olorosa y el día es anuncio de la primavera.

Acuden de toda partes los alegres grupos, las comparsas, en cómica peregrinación que evoca los cuentos de Chaucer. El columpio y el tío-vivo ostentan su amable frivolidad. Vibra en el aire y esmalta el suelo el papelillo de siete colores. De cuando en cuando, riegan el espacio los cohetes caudales.

Tañendo un cencerro, pasa el viático de la Sardina, con un figurón a la cabeza que no se sabe si es hombre o bulto de harapos. Síguenle unos muchachos pintarrajeados que se han improvisado disfraces con los tesoros del basurero. Aquí y allá, en el dominó de Pierrot, arde el amarillo canario. Las chulitas llevan trajes de hombres: torturado el seno en la camisa viril, andan con unos pasos equívocos, desequilibrados por el tacón alto, y en los tubos de los pantalones casi desaparecen sus piececitos de empeine respingado. Bajo la gorra asoman las bolsas del cabello; tras el antifaz, os espían unos pecadores ojuelos.

Unos hacen ronda, otros se persiguen. Aquellos dos paletos, luchando, repiten la suerte diabólica llamada por los conceptistas del siglo XVII «zancadilla de horca». Algo tiene de las piruetas del jiu-jitsu que estuvo a la moda antes de la Guerra. Sólo imaginarla es un tormento, y la hallo descrita en ciertos romances de guapo donde se cuenta que mataron a uno

con zancadilla de horca,
pues, con los pies en el aire,
los brazos le fueron soga.

Por entre la multitud, va trastabillando un hombrecito inmaculado —un dandy extraviado seguramente—, a quien una curiosidad peligrosa atrajo hasta estas regiones del infierno. Tropieza, pide excusas, y va suscitando a su paso mil y un incidentes de cortesía.

El espectáculo, en efecto, es crudo y castizo, y hay que prevenir el ánimo; hay que saber aguantar el arañazo de la maldición castellana; hay que saber celebrar las insolencias del granuja aplaudido y los chistes del rufián contento.

El genio grotesco de la raza estalla aquí en todo su vigor. El hombre del pueblo ensaya alambicadas posturas y hace resorte de su cuerpo. Aquí el grito loco y lírico, la palabra sin contenido racional, tecnicismo de la extravagancia. He oído a un muchacho gritar a otro que llevaba una máscara de burro:

—¡Eh, tú, cabeza de ópera!

Dejo la exégesis a los maliciosos.

Pero nada es mejor que acatar, en sí misma, esta ideación deshilachada del hombre que se regocija. ¿Ni quién seguirá las cabriolas que hace con el alma y con el cuerpo este pueblo genial? Aquí los saltos animales de la risa y las sacudidas y el pataleo; aquí la gracia bronca, el gesto muñeco y la canción del *taratachumba*.

De pronto, rasgan el aire las cornetas acatarradas, los gañidos de la gaita y el latir del tambor. Y la danza, entonces, como en un organismo único, tiembla a un tiempo mismo en toda aquella red humana tendida por la pradera. El gaitero, que tiene una inquietud divina, se balancea, entornando los ojos de pestañas rubias.

La riqueza del carnaval plebeyo consiste en que es una creación. Aquí no se ha comprado el disfraz, ya hecho, en los almacenes, ni el que se disfraza quiere repetir siluetas de la historia. Aquí la mascarada ha brotado, como del ombligo de la tierra, del montón de los despojos, del bagazo de la ciudad, de la basura y del estiércol. Así es: del saco del trapero surge la creación del Carnaval. Y he aquí cómo esta sutilísima industria de recoger lo que otros tiran —fábula del sabio más sabio, o del más pobre, que todo es uno— halla por fin su justificación plena y estética el día en que el chico del arrabal, con un chispazo del fuego hereditario, se encaja hasta las orejas el hongo desgarrado, mete las piernas por las mangas de su blusa, se envuelve en un trapo habido de limosna, y llega botando y girando hasta la Pradera del Carnaval.

El mendigo, o no se viste de nada, sino meramente de fantasía —y entonces engendra monstruos que hubieran desconcertado la imaginación febril de San Antonio—, o descubriendo por su cuenta la paradoja del poeta inglés ¡se viste de mendigo!

Y la escena se desarrolla como en el cuadro de Bosco el flamenco, cuyo recuerdo, mientras la presenciábamos, estuvo acosándonos como una avispa: míranse, bajo el carro, todas las alimañas que horadan la tierra y devoran las semillas, con sus hocicos en punta de alfiler y con sus ojitos de chaquira. Pero la alimaña va transformándose al trepar por la masa de heno que cabecea en el carro. Ya arriba, hay unas figuras humanas que tocan instrumentos de música. Y el carro, los hombres, las bestias y los monstruecillos se desarrollan bajo el ojo de llamas. Así, desde la fragua del carnaval plebeyo, donde se mezclan en borrasca los desperdicios de la vida, nos ha parecido mirar la escala que liga el monstruo al hombre, y a éste lo confunde con el misterio.

Todo el día ha cantado esta gente, todo el día ha bebido y ha bailado, y aún vuelve por la noche alborotando las calles y revoloteando en torno a los faroles. Y si la fuerza de las razas se mide por su resistencia a la alegría... ¡oh España! ¡oh España!

VI. EL MANZANARES

Del Manzanares —río sin agua— hace siglos que se burlan las gentes. Todo el que deja un trago en el vaso se acuerda de hacerle una limosna al Manzanares. Quevedo, en uno de sus romances, le decía:

> Manzanares, Manzanares,
> arroyo aprendiz de río...

Cuando la novela picaresca evolucionó, el héroe cedió el puesto a la heroína: ya no fue el *Lazarillo de Tormes,* fue la *Teresa de Manzanares,* hija de las lavanderas del río.

En el siglo XVII, el regidor Juan Fernández hizo olvidar este lavadero de Madrid por otro que estableció hacia el sitio donde hoy se encuentran los jardines del Ministerio de la Guerra. Tirso de Molina lo recuerda en gorgoritos poéticos de dudoso gusto —jugando con la imagen del amor y de la burbuja de jabón—, en *La huerta de Juan Fernández,* comedia famosa:

> ¡Bendito sea el regidor
> que, entre floridos matices,
> condujo jabonatrices
> para que se lave amor!

En aquella huerta, como en el Jardín de las Damas, lugar de charlas literarias, se comentaban los nuevos libros y las nuevas representaciones.

Pero los amantes eran fieles al Manzanares, y el Sotillo seguía siendo rincón de enamorados. Las citas, concertadas acaso en las Platerías, allí se cumplían. Allí fingía sus fantásticas bodas aquel imaginado embustero, en cuyos labios era la verdad sospechosa.

En el paisaje fino y exquisito de Madrid, el Manzanares, a la hora del crepúsculo, haciendo, al peinar las juncias, un órgano de agua casi silencioso, pone un centelleo de plata. Por su orilla se remecen las lavanderas, los brazos metidos en la espuma, al arrullo de la tradicional canción. Goya, en uno de los rasgos más amenos de su pincel, ha copiado la pradera de San Isidro, por donde circula el Manzanares.

Estos ríos sedientos excitan el sentido simbólico: parecen imagen de una vida que se ha desangrado, pero que no quiere acabar...

No divaguemos: el Manzanares es un río inútil. Hay que utilizarlo y canalizarlo. En estos días azarosos, mal anda la cuestión de transportes, mal las tarifas del ferrocarril. Las casas parlantes, las Cámaras, zumban de discursos. El castellano se queja con razón, porque para llevar a un puerto sus productos necesita hacerlos rodear, a veces, hasta fuera de España, a menos de gastar el duplo. ¿Y qué hace, en tanto, el Manzanares? Canta, borbota y pone un centelleo de plata en el paisaje de tierra morada.

El hombre ha conservado aquel instinto del niño, que donde ve correr el agua quiere echar barquitas de papel. ¡Ay, ríos navegables de Francia! ¡Si fuera otro Sena el Manzanares!

Es inútil: hay que canalizarlo. Quevedo, el caballero de la metáfora, diría que le van a poner muletas. En verdad, desde los tiempos de Felipe II, por lo menos, se habla de canalizar el Jarama, el Tajo, el Manzanares. Hasta hoy sólo se hizo lo que decía el poeta (a quien cito aproximadamente de memoria), cuando Herrera, el del Escorial, construyó la puente segoviana: en vez de echarle agua al Manzanares, le cargan con puentes tan pesadas que le están quebrando las costillas.

VII. MANZANARES Y GUADARRAMA

Aproximadamente, reza así el proverbio madrileño: *Nueve meses de invierno, y tres de infierno.* Lloremos sobre los tres meses de infierno: lloremos como llora el cielo sobre ellos (agua, nieve, hielo), en un largo arrepentimiento que dura lo que una gestación. El corto verano de sangre empaña con plebeyos hálitos el alma madrileña. ¡Quién tendiera un manto de nieve, de nieve perenne, sobre la meseta de Madrid! El paisaje es fino, el aire claro. Velázquez, en los fondos de sus retratos, sorprende el espíritu de Madrid. Graciosa es la gente que se tiende por la pradera en ese paisajito de Goya... En los corredores de Palacio, desde el Balcón de la Armería, se puede admirar el Madrid posible.

Entonces, ¿por qué hay almas rudas y voces roncas? ¿Por qué hay chiste insulso y carcajada procaz? ¿Por qué hay, subrepticia, sorda, inequívoca, una corriente de odio a la belleza? ¿Por qué una gran parte de la gente tiene siempre «el aire de estar de vuelta»? ¿Por qué el provocar en ellos una nueva curiosidad —gusto de la vida— es incomodarlos, «darles la lata»? ¡Oh, meses de infierno! ¡Vísceras y estiércol y sangre sobre la tierra! ¡Ola de la vida perezosa, ola chocarrera, Manzanares, maldito seas! ¡Parodia escasa, agua picaresca, maldita seas!

No faltan las siluetas elegantes, las líneas sobrias y los ademanes justos. Muchos sabrían llevar con dignidad el guante suspendido ligeramente por el índice, como el propio Baltasar Carlos. Por eso en inglés es frase hecha que todo español es un *gentleman.*

No faltan (¡oh, no!) los mejores, los hijos de su invierno. Y entonces, al paso de su vida van resonando sus pensamientos como un par de espuelas de plata. «Cervantes, Gracián, Goya, Larra», anota «Azorín».

Pero ¿y los demás? ¿Por qué el paisaje fino de Madrid no crea necesariamente hijos superiores? ¡Persuádelos, Guadarrama, cumbre de diamante! Transfórmalos entre frías ondas de espíritu. Castígalos con saetas de hielo. Aclara los ojos, afina las narices, alarga los dedos, apresura los pasos y los pensamientos, aprieta los músculos y enciende, por dentro, renovados estímulos. Persuádelos, Guadarrama, cumbre de diamante.

—Pero ¿y la tos? —se preguntará—. ¿No es Madrid ciudad de la tos (y de los ciegos)? ¿Y no es Guadarrama el culpable?

—No. La tos no es tan madrileña como española (también la canción). Heine, a la entrada de España se encontró un día con la Locura. La Locura era un mendigo viejo, que estaba en un puente del Norte. ¿Qué hacía, con una guitarra entre las manos? Cantar y toser, como España. Y en España pudo escribir «Clarín» su trágico *Dúo de la tos.* Y además, ¿no lo saben ustedes? La tos proviene de la articulación profunda de la *«j»* española. No hay sonido igual en lengua europea; y en América, ya se sabe, la articulamos algunos milímetros más adelante, lo que basta para no rasgar el galillo.

—Pero ¿y el fango? —se preguntará—. ¿No es Madrid la ciudad del fango (y del sol) durante el invierno? ¿No tiene la culpa el Guadarrama?

—Pero —se contestará— ¿y la exquisitez incomparable de arrastrar la seda por el fango? Esto, sin contar con lo mejor: que el fango engendra las ruedas de los coches.

VIII. ESTADO DE ÁNIMO *

En la Residencia de Estudiantes se dan conferencias para los jóvenes. Una vez, Eugenio d'Ors les aconsejaba *(Aprendizaje y heroísmo,* 1914) el amor a la propia obra, al trabajo que nos ha tocado cumplir, y definía con estas palabras la aspiración de la joven España: queremos formar una aristocracia de la conducta. Poner orden en la acción y en el entendimiento parece ser la nueva divisa. Otra vez, Zulueta explicaba el sentido del heroísmo, en alocuciones líricas e ingeniosas. Otra vez, Federico de Onís *(Disciplina y rebeldía,* 1915) expuso —recordando a nuestro Rodó— sus experiencias y meditaciones sobre ese minuto sagrado en que escoge la juventud sus caminos. Y habló de las crisis de las edades humanas, que ya preocuparon a Gracián.

Nada hay aquí más castizo que la predicación ética. En España, la moral y la mística se amansan y se vuelven caseras. Libro representativo es *La perfecta casada* de Fr. Luis de León; y también el de Ra-

---
* Ver *Obras Completas,* tomo IV, Apéndice bibliográfico, n.º 8 *a.*

món y Cajal sobre los métodos de la investigación biológica, donde los consejos casi técnicos alternan con los paternales, y tras de hablar de una ley científica se habla de la elección de mujer. ¿Dónde, sino aquí, se pueden dar libros semejantes? ¿Imagina el lector a un sabio francés tratando de tales cosas el día de su recepción académica? Baroja opina que esta rumia de ideas morales es producto de las mesetas.

—No lejos de Madrid —asegura— he hallado a dos pobres hombres de bordón, chaqueta y chambergo, discutiendo sobre el libre albedrío en plena llanura de Castilla.

—Pasa por nosotros un hálito de vida franciscana —me decía, hace un año, Ortega y Gasset.

IX. EL DERECHO A LA LOCURA

Los pintores delirantes han negado hasta hoy a Madrid la comunión de la locura. Picasso ¿se acordará de España? ¿Piensa alguna vez en Castilla?[1] No: en sus cuadros nunca he visto las colinas moradas, las mesetas claras donde se destaquen, entre los revuelos de la capa negra, las caras de rapiña y de éxtasis. (Recordaréis que Zuloaga, cuando pinta retratos de gente «europea», pone siempre al señor de frac —para recordar que no es español—, pero sobre el fondo invariable de la meseta castellana o las colinillas cantábricas, bases geográficas de su alma.)

Cuando el mexicano Diego Rivera expuso en Madrid cuadros cubistas, hubo que pedirle que, al menos por respetos de policía, no exhibiera en el escaparate sus pinturas. Cierto retrato que estuvo expuesto en la callecita del Carmen por milagro no provoca un motín. ¡Dioses! ¿Por qué no lo provocó? ¡Sus amigos lo deseábamos tanto! Adoro la bra-

---

[1] Escrito hace muchos años. Hoy Picasso pinta y vive para su España.—1937.

vura de Diego Rivera. Él muerde, al pintar, la materia misma; y a veces, por amarla tanto, la incrusta en la masa de sus colores, como aquellos primitivos catalanes y aragoneses que ponían metal en sus figuras. Pintar así es, más bien, desentrañar la plástica del mundo, hundirse en las fuerzas de la forma, acaso intentar una nueva solución al problema del conocimiento.

Y con todo, y aunque los críticos hablaron bien claro, había lugar a esperar que el público fuera cautivado, aun sin saberlo. Que, al enfrentarse con los cuadros, obrara el resorte de la raza. A sus ojos se desplegaban las telas como retos, como acertijos, como aventuras peligrosas. Y ¿quién será el caballero español que no se sienta atraído por el reto, por el acertijo y por la aventura pelirosa? («Levantarse han las tablas, y entrará a deshora por la puerta de la sala un feo y pequeño enano, con una fermosa dueña que, entre dos gigantes, detrás del enano viene, con cierta aventura hecha por un antiquísimo sabio, que el que la acabare será tenido por el mejor caballero del mundo.» *Don Quijote*, I, XXI.)

Además, algo de español tiene en sus orígenes el cubismo, dejando aparte la nacionalidad de Picasso y el españolismo del Greco y sus humanas columnas vibratorias. Ha poco, Eugenio d'Ors lo decía: ¿quién más español que don Francisco de Quevedo y Villegas, ni quién más cubista? Él, Gracián, todo el conceptismo, y aun el mismo Góngora —aunque éste por procedimiento distinto— nos dan ejemplo de esa visión rotativa y envolvente que domina, que doma al objeto, lo observa por todos sus puntos y, una vez que ha logrado saturarlo de luz, descubre que todo él está moviéndose, latiendo, arrojando comunicaciones —como los átomos del filósofo materialista— a los objetos vecinos, y recibiéndolas de ellos.

No se sacia el observador con la silueta de un instante si no es para fines de «sutilización». Quiere, a la vez, todas las siluetas posibles del objeto, dentro del espacio infinito. ¿No es así, en efecto, como nos impresionan las cosas, como viven en la imaginación y el recuerdo? El pintor se arriesga, pues, a desdeñar el dato naturalista, por inexistente; y así, de la fisonomía —tal el caricaturista— sólo conserva los signos expresivos: la rueda de un ojo, la cruz de las cejas y la nariz, el corazón de la boca; mientras que, por sucesivas representaciones o curvas de natural elocuencia, arroja sobre la tela algo como un jeroglifo del movimiento o como su esquema geométrico y, en los instantes de intuición, algo que es ya el ansia de moverse.

Ese gran acertijo estético, la novela picaresca, nos ofrece ejemplos constantes de visión íntegra y dinamista. Mateo Alemán —representativo, si los hay— sabe que un objeto en movimiento se multiplica: por ejemplo, unos justadores le aparecen con «sus lanzas en las manos que, vibradas en ellas, parecían juntar los cuentos a los hierros, y cada asta cuatro». Los ejemplos abundan y están al alcance de todos. Yo escribo ahora lejos de mis libros y los aludo por recuerdos y notas. Paréceme que Gracián ha trazado el movimiento de un hombre que se arroja por un balcón, mientras caen, flotando, unas hojas de papel por el aire: no sé si en el *Político,* si en el *Discreto,* más bien creo que es en el *Héroe.* Y en el terreno psicológico, ¿no pertenece al mismo género de audacia o de verdad el trazo siguiente? Le han robado a 'Guzmán de Alfarache' su capa. Veamos lo que hace: «Busqué una cañita que llevar en la mano. Parecióme que con ella era como llevar capa... Servíame de sustentar el brazo para dar aliento a los pies.» Unos objetos, unas emociones, unos sentidos influyen en otros, dando una impresión total, envolvente, de nuestra actividad psicológica.

Pero Madrid no quiso recibir la comunión de la locura.

¿De suerte que en la tierra de Goya el delirio está hoy prohibido? Y si, como quiere Wilde, los pintores impresionistas han inventado las brumas del Támesis ¿no habremos de creer que Madrid es hijo de Goya? ¿De dónde pudieron salir esos mancos y cojos, ciegos, bizcos, tuertos, gigantes, enanos, mudos, corcovados y patizambos?

Madrid, corte a un tiempo mismo severa y fácil, no quiere consentir la locura.

—¡No poder salir por esas calles vestido de Harun-al-Raschid! —me dice Ortega y Gasset en un rapto de espontaneidad.

Y en verdad, mal haya ese realismo prudente que sólo os permite mostrarme la mitad de la cara. Obligado está, quien vive entre cautos, a girar en derredor de ellos con todo el recato de la luna, que sólo nos deja ver su hemisferio muerto, su hemisferio convencional. Y ¿quién duda que lo mejor se lo deja en el hemisferio invisible?

Personalidad es elección. La elección supone variedad y supone contradicción. Donde no hay un sí y un no ¿cómo escoger? Donde se os impone un hábito externo de conducta, no hay, por cierto, personalidad. Y todo nuevo hábito es, en principio, una locura.

Y mi corazón ha estado siempre con el que inventa un hábito nuevo, un nuevo ensayo biológico que imprima, para siempre, una transformación en la especie. Bernard Shaw habla con deleite de las agitaciones domésticas, producidas en una familia burguesa y amiga del encierro, por una hija que sale aficionada al teatro y a los espectáculos. Para estas gentes tenemos una frase rancia y sabrosa: la hija «les salió novelera». De hoy más, no habrá quietud en la casa; señor padre descuidará su reuma y señora madre tendrá que abandonar la cocina. ¡Oh, ráfaga salutífera, oh aire fresco! *La hija les salió novelera.* El golpe del viento ha abierto de pronto la ventana. (Fuga de microbios por los rincones. No nos cabe el corazón de alegría.)

Hay que ser descontentadizos y exigentes; sólo renovándonos vivimos. El modisto de la Rue de la Paix sabe que el amor se disolvería si él no inventara, para nuestras mujeres, el nuevo modelo de la estación. Por la Castellana, a la hora más vaga de la tarde, flotan unas figuras ligeras de mujer: todas vestidas con las exigencias de la estación, todas renovadas por la primavera, parecieran recién llegadas, recién exhaladas al mundo, nuevas y nunca vistas. Ésas no son, ésas no son las mujeres del otoño ni del invierno: son unas mujeres traídas por la primavera y por el verano, nacidas de sus flores. Sin ellas se acabaría el amor. Sin ánimos nuevos de locura, pararía la tierra, cerrarían sus ojos las estrellas. ¡Las estrellas! A riesgo de que se adormezcan, hay que sorprenderlas todas las noches con iluminaciones nuevas.

—Un nuevo escalofrío has inventado —decía Víctor Hugo a Baudelaire. No se puede hacer mayor elogio.

Inventad un nuevo escalofrío. ¡Ea! ¡Valor de locura, que nos morimos! Esta noche, al volver a casa, romped dos o tres jarros de flores, ordenad que abran las ventanas y enciendan a incendio todas las luces. Y cuando el ama, toda azorada, os pregunte qué fiesta es ésa, le diréis:

—Hoy celebra un nacimiento mi alma: ¡le ha nacido, le ha nacido una hija novelera!

X. ENSAYO SOBRE LA RIQUEZA DE LAS NACIONES

La riqueza de los pueblos depende del tipo de su moneda. El franco ha creado en Francia la virtud del ahorro; el *sou* ha creado la *tirelire*. El hábito hace al monje y, como la atmósfera se pliega a las rugosidades del suelo, así el espíritu a la materia.

A moneda grande —el dólar—, pueblo rico y derrochador. El yanqui gana mucho y gasta mucho; lleva el dinero en los bolsillos del pantalón, para que resuene al andar; su dinero es místico y cabalístico: hay tanto dinero, que se enfurece de comercio, como la abeja de amor con la abundancia de machos; el suyo no es el dinero lento y disciplinario del francés. El yanqui asegura que gana el dinero por magnetismo, por religión, por estafa, por apuesta. El francés, por constancia y por sacrificio: grano a grano, hincha la gallina el papo.

La unidad grande hace que el gasto parezca pequeño. Considérese que diez dólares son cincuenta francos. Para gastarlos, esfuerzo cinco veces menor que para gastar cincuenta francos. Lo del proverbio griego: el desliz del pie del gigante es carrera para un enano.

Si, por el contrario, la unidad fuere, más que pequeña, diminuta —el real portugués—, crearía un concepto absurdo de las dimensiones, torciendo las armonías e irritando, sin objeto, la imaginación. ¿Quién podría medir a palmos la cintura de la tierra?

Mas cuando —última hipótesis— la moneda es llanamente mediana, como el peso mexicano, entonces el pueblo está condenado a la pobreza: gana poco y gasta mucho. Todos los términos medios juntan los defectos de los extremos.

La peseta es tanto como el franco. España ¿por qué no está rica? ¿Por qué está la peseta enferma? (La guerra le ha dado una salud pasajera, engañosa.) ¡Largo de explicar!

La compra-venta no puede ser causa de la riqueza: es un mero círculo vicioso. Si gasto con la mano derecha lo que gano con la mano izquierda, quedo como antes. Si ahorro, es para gastarlo mañana o pasado; y, en algunos siglos, la misma moneda ha rodado toda la circunferencia dialéctica sin enriquecer a nadie, aunque dando a todos un instante de regocijo; pero esto será enriquecimiento del alma, que no del cuerpo.

No, el verdadero medro y la pérdida verdadera no vienen del precio de las cosas, no vienen de la ley económica o del acto necesario. ¡Toda la ciencia económica se rige, precisamente, por una ecuación: oferta = demanda! El medro para unos, la pérdida para otros, vienen del acto gracioso, imponderable: la propina. No gasto en mis compras, que mis ventas me equilibran de ellas; gasto en las propinas al comisionista, al vendedor, al interventor, al portador, al cobrador. (El medro multiplica los entes: nuevo principio de Occam.)

Y como existe una clase social para la que ya no hay propinas, ésa paga el precio de la vida. ¿Cómo? Con la riqueza que inventa. En el principio, el dinero brota de la frente: las clases creadoras piensan el oro, y el oro llueve en propinas hacia los bolsillos de la gente.

¡Y España no recibe propinas! ¡Y los que debieran pensar el oro, dejan de pensar, por inútil! Lejos de nos, decía aquel sabio, lejos de nos la peligrosa innovación de pensar. Si el de abajo exigiera propina, se oxigenaría el ambiente económico; habría que pensar mucho arriba, y se enriquecería la nación.

Queréis darle algo al mozo en los toros:

—Basta, ya me ha dado su compañero —os dice, empobreciendo al país.

Tenéis que cambiar un billete para dar la propina a un cochero:

—¡Por mí no vale la pena que usted se moleste! —y echa a andar el caballo.

¿Que vais a ver pueblo a cierto café de los arrabales? Y el camarero, confuso de recibir una propina excesiva, se sonroja visiblemente, cree que os ha robado y, tratando de corresponderos, lanza en vuestro honor, en el piano eléctrico, esa desesperante rapsodia de Liszt...

Volvéis de la calle desganado, la salud quebrantada a los destemplados resuellos del Guadarrama; coméis mal, casi nada. Y aunque el gasto ordinario está hecho, vuestra cocinera se empeña en no recibir más que el precio de lo estrictamente ingerido.

Así no se va a ninguna parte. Si esos políticos quieren enriquecer al pueblo —es irremediable— que lo prostituyan.*

Pero ¿y la lismona española? ¿No hace aquí funciones de propina? ¿No es, por ventura, en España donde vive de limosna todo el que quiere, aun cuando lo pueda ganar? ¿Donde, como dice Acevedo, darían limosna hasta al Hércules Farnesio, si les alargara la mano?

No, limosna no es propina. El mendigo se come la limosna; vive, también, en el seno de la compraventa, y gana su vida tan legítimamente como cualquiera. El que exige propina, en cambio, es un camarero, un médico, un presidente de la República, que se ganan ampliamente la vida con su oficio, y en cuya casa la propina —innecesaria— va formando pilas y torres, atestando ringleras, hinchando medias de lana y engordando el forro secreto del sillón.

---

* Recordemos la fábula de las abejas, de Mandeville, siglo XVIII.—1955.

XI. VOCES DE LA CALLE

Como la pipa de Mallarmé engendra un viaje, así me resucitan las ciudades en un ruido, en una tonada callejera.

¿No es Kipling quien habla de los olores del viaje? El tufo de camello en Arabia, el vaho de huevos podridos en Hitt, junto al Éufrates, donde Noé rajó las tablas para el Arca; de pescado seco en Burna —todos reducibles a los dos olores elementales que poseen lo que el inglés llama *universal appeal*: el olor de la combustión y el de la grasa que se derrite; el de aquello en que el hombre cuece sus alimentos, y el de aquello en que los guisa. Habláis de eso —observa Kipling— y la compañía comienza a roncar, cual los gatos con la valeriana; cada quien recuerda sus experiencias y, como se dice en los libros, «la conversación se hace general».

El oído posee la misma virtud de evocación. Los gritos de la calle contienen en potencia una ciudad, como el S. P. Q. R., o como el pellejo de la res de Cartago.

—*Haricots verts!*

Miro una humanidad opulenta, roja, rubia, los lomos doblados, empujando el carro de verdura por aquellas avenidas de París. Oigo las coplas de los cantadores de mi calle: el del lunes, picante, oportuno, la voz gruesa; el del jueves, escuálido, inservible, con un cuchillito de voz que taladra el tímpano:
—*On dit, on dit...!*
El del sábado, un muchacho de insolente cara, a quien lleva de la mano su madre, y que echa unos alaridos agrios como si escupiera astillas de metal. El órgano del jorobadito que hace llorar, gimiendo en la niebla sus dulzuras. El tirolizante que vibra sus maravillosos ecos en medio de la indiferencia de París, como aquel tamborilero de Provenza que dice Daudet («Tu-tu, pan-pan!»); y el declamador patriótico de los últimos días, anciano severo, cano, barbado, verdadero Miembro del Instituto, vestido de negro y con dignidad:

Sonnez clairons, sonnez cymbales:
On entrendra siffler les balles!

En tanto que pasea la calle —la izquierda en el corazón y la diestra en alto—, le abollan la chistera unas monedas de cobre arrojadas desde los balcones por invisibles manos.

En otro tiempo, por las calles de mi país, seguí atentamente las modificaciones de cierta tonada popular, al pasar de una esquina a otra. En mi casita del Fresno era rotunda, ondulante; en mi casita del Cedro, caricaturesca y angulosa; más allá, se opaca, se funde con otra, muere al fin.

Monterrey, toda mi ciudad de sol y urracas negras, de espléndidas y tintas montañas y de casas bajas e iguales, toda vive en aquellos gritos de sueño y mal humor, vaporizados en el fuego de las doce:

—¡Chaaaramusqueroooo!...

Y aquel encantador disparate:

—¡Nogada de nueeeez!...

San Luis Potosí es un toque de cuerno: cuando visité esta ciudad, los conductores de tranvías usaban unos cuernecillos del tamaño del puño. Oigo el cuerno y, en una curva de rieles, veo un tranvía que aparece y desaparece... San Luis, ciudad fría: la niebla sobre la alameda, confundida con las humaredas de la estación, en que los pájaros se ahogan.

El último día de Veracruz me persiguió por toda la ciudad el grito de un frutero. Allí resuena la voz como dentro de una gran campana; la tierra es de cobre bajo el sol... Tráfago del puerto.

Madrid está llena de canciones: por cada una de mis ventanas miro otras quince o veinte, y en todas hay una mujer en faena, y de todas sale una canción. La zarzuela de moda impone coplas, estropeando a un tiempo la espontaneidad y la tradición. Todo este año me ha rascado las orejas *El amigo Melquiades*.

XII. LAS RONCAS

Blusas rojas, pañuelos verdes al cuello; la falda, como quiera.

Esas hembras de voz tan ronca, de fáciles cóleras, son todas hembras, todas conscientes de la maldición. Andan con un ritmo animal, pisan el suelo de verdad, usan unas alpargatas planas. De allí que la cadera, siempre en juego, sepa quebrarse graciosamente; pero casi siempre se desarrolla en exceso con los años, y esas mocitas terribles de quince se pierden al crecer.

Mujeres trompos, mujeres ánforas. Siempre van a la fuente: qué sé yo si quiebran el cántaro. El botijo les es natural, como el espejo o la manzana a la diosa. Lo han criado en sus curvas, lo han brotado de sus cinturas; lo abrazan al pecho y se balancean, mirando fosco, como si abrazaran a un amante. Cuando van a llenarlo a la fuente, todo el mundo puede pedírselo y echar un trago al aire. Entonces hacen corro para comadrear, hablan de tarabilla, carcomiendo todas las palabras, a pie quebrado, transformando las consonantes para tropezar menos en ellas, con instinto y con natural majeza.

Y hablan ronco, ronco, echando del busto una voz tan brava que nos desconcierta y nos turba. Y aguantan, si las miramos, y hasta gritan algo: acuden al reclamo siempre. Y contestan el requiebro, prestas, en una lengua hueca y convencional que las defiende mejor que los pudores.

¿Qué quieren? Quieren que nos maten. ¿No es eso amor? Quisieran devorar al macho, apropiárselo íntegro, como la hembra del alacrán. Cercenarle la cabeza, como la araña, al tiempo de estarlo embriagando: mascullarlo, desgarrarlo, echarlo a la calle a puntapiés, tembloroso todavía de caricias.

XIII. CANCIÓN DE AMANECER

Me despierta el luminazo de la ventana: un cielo resueltamente azul: un ángulo de muro encalado que se tuesta en oro. Es tan temprano, que el cuerpo se resiste aún y, durante algún tiempo, el sueño entra y sale por los ojos, antes de abandonarnos. Suben los rumores por el vano: cloquear de gallinas, mugir de vacas, patético ensayo de una mula que no puede hallar término medio entre el relincho y el rebuzno; rechinidos de campo, voces roncas de mujeres y sonoros bajos de voz viril.

Oigo entonces lo que sólo entonces he oído: caricias de una madre a un pequeño. Por esas calles del pueblo no es fácil sorprender ternuras: vense mujeres con hijos colgándoles por la cintura y los brazos; pero maldicientes, rabiosas:

—¡Hay que ver! ¡Hay que ver la guerra que dan los críos!

Y mojicón por aquí, cachete por allá, infierno de chillidos y cólera. La mujer del pueblo vive aquí de la cólera. Ellos son más mansos en el trato. Ellas, broncas, iracundas siempre. Y hasta para acariciar al hijo ¡tanta aspereza! ¿Sabéis lo que se oye por esos arrabales?

—¡Te voy a pegar en el culo!

Ésta es la caricia que muchas mujeres del pueblo dedican a sus hijos. En el trato con los niños, se oye sin cesar esta palabreja, que parece consagrada al mundo infantil.

Mi vecina, en cambio, es toda de miel al amanecer. La hora sin trabajo, la hora de su corazón. Oigo los besos, y oigo unas palabras tan dulces que me hacen pensar en mi tierra:

—¡Mi rey, mi ángel! ¡Mi rey, mi ángel!

Y al fin —cuando ya no cabe en el pecho la ternura— brota una canción. No es bella su voz; pero es de animal exacto; funciona bien, y produce con precisión todas sus notas, con una claridad de tímpano. Es la más hermosa canción de España. Me llegan algunas frases destacadas: un lenguaje claro, giros bien casados, bien cocidos, vieja lengua del pueblo, con unos gerundios que danzan y unos espesos relativos... Si quiero recordar la tonada, zumba vagamente a mis oídos, y al fin se escapa.

Canta, canta la clara voz. El sueño entra y sale. Abro los ojos. Cierro los ojos. Bailan unas moscas en la luz.

XIV. LA PRUEBA PLATÓNICA

Amarás un objeto bello, una flor, un crepúsculo, una mujer o una canción, y el amor general de todos los objetos particulares hará que los ames sin desearlos, con perfecto desinterés: la flor se está bien en su tallo; el crepúsculo, en su tarde de otoño; la mujer, en su sabroso misterio; la canción, en la vaguedad del aire. Y entonces irás descubriendo que amas en las cosas algo superior a las cosas: la belleza en sí. ¡Dichoso, bienaventurado mil veces quien pudiera contemplarla directa, pura y desnuda! Amarás entonces una idea: la Idea. Los sentidos te habrán sido tránsito para llegar a lo que sólo se gusta con el alma.

Así predicaba a Sócrates una mujer de Mantinea cuyas doctrinas recoge Platón piadosamente. Y como el pasar de las esperanzas abstractas a las realizaciones concretas no sea más que el paso de la juventud a la madurez, este retorno al cielo abstracto (un cielo ya no de esperanzas, sino de recuerdos) es como un retorno a la juventud, un retorno eterno a la virginidad. No ya la virginidad frágil, palpitante, de los primeros días, anhelosa de desgarrarse.

Sino una virginidad firme y dura, como el cristal, transformación definitiva de todas las fuerzas sensuales en espíritu.

Por eso el recuerdo de la adolescencia puede caer cerca del recuerdo del romanticismo, al menos en aquellos de sus aspectos que evoca el canto *A Teresa*:

> ¡Una mujer! En el templado rayo
> de la mágica luna se colora...
> Mujer que nada dice a los sentidos...
> Es el amor que al mismo amor adora...

Calle de Alcalá o de Toledo. Mujeres rudas o finas. Todas hermosas. Una tras otra, con una frecuencia desesperante. Ritmo inagotable, melodía de ojos y cabelleras, marcha infinita de los pies. Un mareo, una fuga general de deseos, hasta que no os quedáis fríos y perfectos, como el mismo cristal. No conozco mejor prueba de la escala platónica que el ver desfilar por Madrid las mujeres bellas. Cada una pone una nota propia al concierto:

> Cada una tiene su aroma,
> una es cisne, la otra es paloma

¡Oh Lope, terco enamorado! ¿No ves ese tropel de mujeres? Bien dijiste tú que con las plantas pisan los deseos: añicos los están haciendo, conforme pasan. Pero bien decías también que «es triste caso andar a conocer voluntades nuevas, nuevas sábanas, nuevos alientos y, por decirlo a lo pícaro, nuevos *tómalo, mi vida*». El cansancio nos va ganando: cada una tuerce en un sentido nuevo nuestros apetitos, y al fin os invade una somnolencia, una resignación, un amor general de la belleza de todas, sin deseo concreto que lo perturbe. La última que se acerca os consuela de la que se acaba de alejar. Y por eso Torres Naharro, poeta del siglo XVI, le decía al Amor:

> Ya las saetas que envías
> no tocan las carnes mías,
> unas sobre otras cayendo.

Y un siglo más tarde, Góngora se quejaba:

> Tan asaeteado estoy,
> que me pueden defender
> las que me tiraste ayer
> de las que me tiras hoy.
> Si ya tu aljaba no soy,
> bien a mal tus armas echas,
> pues a ti te faltan flechas
> y a mí donde quepan más.
> Ya no más, ceguezuelo hermano,
> ya no más.

Es así también como la sensualidad del Boccaccio, ya fatigada, se redime de la venenosa Venus Terrestre a los encantos de la Venus Urania. Las siete ninfas florentinas deshilan, en torno a la fuente, las madejas de sus historias, y el rudo cazador Ameto se va enamorando de la última que habla, como verdadero hijo de los sentidos.

Al cabo, de los siete amores nace como una celestial resonancia. Las siete ninfas deseadas resultan ser las siete virtudes, y baja entonces por el aire, con las palmas abiertas, aquella del cuerpo luminoso, coronada de astros, de quien todos nos acordamos, y a la que estamos anhelando volver.

XV. EL CURIOSO PARLANTE

En estos días de preocupaciones internacionales, el Ayuntamiento de Madrid, con amable inspiración, ha levantado un monumento a Mesonero Romanos.

Hoy todos somos cosmopolitas. Estamos en Lovaina, en Reims, en Dunkerque; junto al cañón o en el aeroplano, con los defensores del fuerte, con nuestros hermanos de las trincheras; en todas partes, menos en la ciudad que habitamos, para la que ya no tenemos ojos. Mesonero Romanos sólo tuvo ojos para su ciudad, y es como un genio tutelar de Madrid.

Poseía el instinto del castor: construir ciudades. Durante el día proyectaba nuevas plazas y calles, y fundaba cajas de ahorro. Por la noche, describía las escenas sorprendidas durante el día. Era el hombre municipal. Y no hay que burlarse de la emoción municipal. ¿No es ella la prenda de toda humanidad que ha aprendido a edificar su morada? En cuanto el nómada planta en el suelo su cayado, su hembra deja caer al hijo que llevaba a la espalda, y nace el anhelo municipal. Todos, todos lo hemos padecido:

quien nunca haya firmado alguno de esos memoriales en que los vecinos piden el pavimento moderno o el alumbrado eléctrico para su calle, que arroje la primera piedra.

Cierto: hay una casta de hombres para quienes la ciudad en que viven no tiene existencia real, ni la calle donde está su casa, ni aun su casa misma. Han perdido los ojos. Se ocupan constantemente en devolver al caos todos los objetos que la energía espontánea de las retinas había logrado discernir. Son sociólogos: el mundo se les disuelve en leyes generales. Son incapaces de averiguar y de retener los datos que más de cerca les incumben, si no es para hacerlos desaparecer prontamente, reintegrándolos en el cuadro del universo. Saben que hay causas, productos y seres sociales; pero nunca saben lo que sabía Mesonero Romanos: que su barbero se llama Pedro Correa y es natural de Parla, tiene veintidós años, y su padre era sacristán del pueblo. No son curiosos. Posible es que lleguen a escribir buenos libros, pero su trato personal será siempre cosa abominable.

El «Curioso Parlante», en cambio, todo lo ve y todo lo cuenta, vagando por esas calles —cualidad genuina—. Andar callejeando como los perros y detenerse a hablar por las calles como los propios 'Cipión' y 'Berganza' ¿no es de españoles? Españolería andante le ha llamado a eso un cronista, al observar cómo Canalejas («a quien acabó de matar un desdichado») murió perpetuando la tradición castiza de callejear llanamente, sin otro fin que el de tomar sol. Y en España se escribió aquel entremés de *Los mirones*, donde unos estudiantes se asocian con el desinteresado objeto de sorprender y referir sucesos callejeros.

En Madrid todo sitio público tiende a convertirse en Casino y Tertulia, en centro de curiosos parlantes. A veces, estos casinos no tienen más que un socio: en los bancos de los paseos, por ejemplo. Mas no importa, porque la tertulia va implícita en el curioso parlante, que la trae a cuestas por dondequiera, a modo de nuevo misterio teologal.

El extravagante autor de *El doctor Lañuela*, aquel Ros de Olano, amigo de Espronceda (uno de los muchos «raros» de la literatura española), cuando llegó a cazador jubilado, porque, de viejo, lo jubilaron sus piernas «sin sujeción a tal o cual artículo de la ley de caza», acostumbraba reunirse con otros viejos cazadores en la armería de su amigo Arenas, para hablar de sus buenos tiempos. He aquí un ejemplo de tertulia entre varios.

Pero otras veces —nos cuenta en sus *Episodios militares*— «llego desde mi casa a los jardinillos de Recoletos, me siento a la espera: cato que pasan gentes y, llevado por el hábito de apuntar con la escopeta a todo animal silvestre, cierro el ojo izquierdo, atisbo con el derecho, y veo cómo me pasan por la mira piezas de caza urbana... la codorniz junto a la chocha, la perdiz con el sacre, el pollo de alcarabán con las torcaces, y hasta la garduña, al rastro de la liebre y del conejo». Y he aquí un ejemplo de tertulia de un hombre solo. Porque este curioso parlante no está solo en verdad; y, desde el banco de Recoletos, sigue sumergido en plena charla de casa Arenas, ponderando el equilibrio de un arma, el olfato de un perdiguero, y estos y los otros hechos hazañosos de su cinegética juventud.

El «Curioso Parlante» resulta, pues, representativo de su ciudad en toda la fuerza de la palabra. Hay que ir a él para conocer a Madrid.

En un museo que nadie visita —el Museo de Artillería— existe un plano-relieve de Madrid en la primera mitad del siglo XIX. El trazo de la Villa y Corte no ha cambiado, por más que la alarguen aquí y allá los barrios nuevos. Aún es posible dar con el Madrid de Mesonero Romanos. Está, salvo la demolición de algunas iglesias y cuarteles, intacto y como emparedado vivo dentro de la nueva ciudad: lo ampara un buen genio; perdura, como los libros en que Mesonero lo describe.

XVI. VALLE-INCLÁN, TEÓLOGO

SÚBITAMENTE. Don Ramón María del Valle-Inclán ha pronunciado, en el Ateneo, una conferencia teológica sobre el «quietismo estético». Súbitamente: ¿qué conexión puede tener el asunto con la hora actual, como no sea una conexión negativa y paradójica? ¿Acaso la reciente exposición de pintores le hizo volver sobre las contiendas del dinamismo y del quietismo? Él, por lo menos, no lo confiesa. Habla como si viniera de otro mundo: ¡como si no supiera lo que nos está sucediendo! Es decir —insisto—, súbitamente. Habla para negar el movimiento, ¡y todo, ante sus ojos, está moviéndose, pintándose y borrándose, como los juegos de niños en la arena que decía Heráclito! Acaso ese mismo estrépito lo ensordece; acaso el movimiento absoluto que nos embriaga ha acabado por asentarse en su ánimo con una impresión de constancia, de quietismo.

UNA CONFERENCIA TEOLÓGICA. ¿Qué nos importa, en efecto, el pretexto estético a que el conferenciante se acoge? Estético tiene que ser siempre su procedimiento, literarias sus alusiones, artísticos sus recuerdos, porque todos hablamos el lenguaje de nuestro oficio. ¿Qué nos importan sus fugaces definiciones del clasicismo, ni qué sentido pueden tener? No es eso lo importante. Tampoco lo es la falsa combinación que ensaya entre dos o tres teorías modernas, y ya viejas, y dos o tres teorías antiguas y eternas. En rigor, lo que nos seduce es el «teologismo» nativo de su discurso. En esta nación de teólogos armados, el Manco de Madrid cumple un sacerdocio renovando el prestigio de las argumentaciones sobre el Paracleto. Y, por geometría, por matemática, con constante referencia al punto, la línea, el círculo y la esfera, emprende —*coram populo*, ante un auditorio de Ateneo— la exposición del misterio del Espíritu Santo, la homilía de la Trinidad y la definición de los Pecados Mortales.

EN EL ATENEO. La sala está llena y hay más mujeres que hombres, como sucede ya siempre en este mundo. (¿Por qué, amigos míos, por qué?)

Don Ramón es una figura rudimental, de fácil contorno: el mirarlo incita a dibujarlo: con dos circulitos y unas cuantas rayas verticales queda hecha su cara (quevedos y barbas); y con cuatro rectas y una curva, su mano derecha (índice, cordial, anular, meñique y pulgar). Cara y mano: lo demás no existe, o es sólo un ligero sustentáculo para esa cara y esa mano. De hecho, nada más necesita el maestro definidor: la cara es el dogma, y la mano es el comentario.

Habla bien, conoce la nigromancia española. Es galante: ofrece la teología en bombonera. Pero no sólo hace de abate florido, no: una vez traspuesto el preámbulo, sus ojos comienzan a centellear, su voz se torna cálida, y su mano de cera, más elocuente aún que sus palabras, dibuja y discorre continuamente una curva rítmica, isócrona, trascendental. La mano va y viene. Por momentos, el índice parece alargarse para apoyar un corolario que se quiere escapar. Otras veces, se despliega aquella larga aleta de pez y azota el aire, o bien se ostenta como un plano de proyección para las ideas. Lanzadera metafísica, la mano va y viene. La cara es fecunda como una cifra, y la mano desenmadeja las infinitas connotaciones de la cara.

Afronta el absoluto sin caer en el ridículo. Cuando habla de la muerte, lo hace con conocimiento personal, asumiendo la responsabilidad de haber estado muerto algún día. Aconseja olvidar, después de aprender y conocer, para no conservar más que el olor del conocimiento. Hagamos —decía el quietista Miguel de Molinos en el siglo XVII— como la nave que, llegada a puerto, olvida el oficio de la vela y del remo. Busca nuestro teólogo una ilustración a la doctrina: se acuerda de Velázquez. Lo imagina trabajando en su galería de Palacio, a toda hora de la mañana y de la tarde. No pinta la luz accidental, la que pasa, la que no existe; no pinta el acaso dinámico del momento, y ni repara en «el flemón que le salió aquel día al buen señor». Pinta lo estable, pinta la luz general, pinta el día, pinta el tiempo. Y, para llegar a esta comprensión de lo estático y lo perenne —así como el místico árabe, tratando del éxtasis, aconsejaba entregarse al movimiento giratorio—, él aconseja mirar las cosas en el recuerdo, evocándolas con razón quieta de amor.

Afronta la definición de los enemigos del alma: el mundo perece con los ojos que lo contemplan, es una creación de la luz. La carne perece con la carne. ¡Pero el Demonio! El orgullo, el amor y el aborrecimiento, los pecados anteriores al hombre, anteriores a Adán, son los únicos que nos eternizan. (Por el auditorio ha corrido un temblor. No se oyen aplausos, sino resuellos agitados.)

Afronta la definición de la obra creadora. Compara al hombre con el animal porque, como éste, produce imágenes que se le parecen; pero lo compara también con el ángel porque, como éste, produce acciones. Y aquí, al hablar del sexo de los ángeles y establecer que toda obra de arte es un andrógino, nos ha recordado a Anatole France cuando glosa a los filósofos griegos y a los Padres de la Iglesia; pero también nos recuerda (él no se asombrará de oírlo) al Padre Feijóo.

Afronta la definición de la magia. ¿La magia? El conferenciante vacila... lleva la mano a la frente, como si se acomodara la tapa de la cabeza (un nuevo escalofrío ha corrido por el auditorio) y dice con voz sofocada:

—¡Voy a ver zi puedo ezplicarme!

La magia es, en uno de sus aspectos, aceleramiento de la vida, nueva carga dinámica en el dinamismo de la vida: Don Illán el Mágico ha visto desfilar la historia en un segundo, y en el reflejo de unas redomas hemos leído todos nuestros años por venir.

Valle-Inclán el Mágico nos ha hecho vivir varios siglos de vida intensa en media hora:

> Tengo la sensación de que siento y que vivo
> a su lado, una vida más intensa y más dura.

Después de la conferencia, a la vez que una emoción de linda y preciosa finura, nos llevamos el sabor de algo áspero, bronco y hasta salvaje. ¿Qué ha sido ello? Lo diré: ¡la manga vacía!

LA MANGA VACÍA. Como esos despertadores que vibran y brincan al disparo de una potente maquinaria, aquel frágil ropaje humano ha vibrado y ha brincado también sacudido por una idea más grande que él. Entonces, al abrirse la mano derecha como un ala, al desarrollarse el brazo derecho como un remo en una tempestad, el muñón izquierdo se ha erguido, tremolando al aire —con una elegancia ya sangrienta— una manga vacía.

XVII. GINER DE LOS RÍOS

Se le recuerda como un viejecito pequeño junto a una estufa: como un viejecito siempre joven. Un alma fina de rondeño, una aristocracia nativa disfrazada con un traje vulgar. Es tan suyo, les pertenece tanto o es tanto lo que ellos le deben, que resulto intruso al evocarlo.

Era un krausista derivado de Sanz del Río, un profesor de Filosofía del Derecho, un escritor, un liberal. Pero nada de eso es importante: era un hombre de temple apostólico. ¿Su fuerza? La sonrisa. Desconfiad —hallo en el libro de mis proverbios— de la puntualidad de aquellos que adelantan el reloj, y desconfiad de la energía de los que se encolerizan. En efecto, la amabilidad es la mayor fuerza y la mayor disciplina.

Era hacendoso: aseaba él mismo su cuarto. Era un religioso; más bien un místico, pero a la manera española: cargado de ideales prácticos y positivos. La buena tradición española quiere que la práctica y la mística broten juntas, como en la actual filosofía pragmatista. Santa Teresa fundaba monasterios y los sabía regentar. ¿Qué dice a sus hijas de devoción? Oídla: «Entre los pucheros anda el Señor.» ¿Qué entendía ella por acercarse a Dios? Algo como realizar una empresa, como llevar a buen término una campaña, como ganar una partida de ajedrez. «Daremos mate a ese Rey Divino», grita en un momento de entusiasmo. Y San Ignacio de Loyola es un personaje militar: es el militar. No es nuevo esto de que la tarea guerrera se avenga con la mística. James ha dedicado una hermosa página a definir el misticismo militar: el soldado no tiene, no debe tener bienes terrenos; vive con el pie en el estribo y parte al menor llamado, sin mirar los riesgos, «como una flecha del anhelo». Porque el misticismo es condición de la vida activa.

En otro siglo, a este viejecito ágil le hubieran llamado San Francisco Giner. Y él mismo comprendía lo místico de su misión. Dicen que él ejercía el sacramento de la palabra, y que su función social era hablar. Hablaba —o mejor conversaba— de la mañana a la noche; y en los pocos ratos perdidos, quizá para aprovechar las ideas que el cansancio engendra de rechazo, escribía sus libros. (Pero los libros no debieran ser más que memoranda de la acción.) Hablaba para consolar a los afligidos: así, como suena y sin literatura. He oído a más de uno decir, cuando corrió por Madrid la nueva de su muerte:

—¿Y a quién llevaremos ahora nuestras dudas íntimas?

Y muchos son los que aseguran deberle todo lo que han llegado a ser.

Ministraba la confesión laica. Era bueno por profesión. ¿Sonreís? ¿No creéis en la profesión de ser bueno? ¿Pensáis todavía que el hábito no hace al monje? Rezagados andáis. Mas, tranquilizaos, era también bueno por espontaneidad generosa.

Ni siquiera le faltó sublevarse, como a buen santo español. Después de ganar una cátedra en la Universidad, renuncia a ella para unirse a los perseguidos. En el éxito no se adiestran los hombres; hay que probar antes el fracaso. Y así, de uno en otro ejercicio espiritual, prueba éxitos y fracasos, acatando plenamente el sabor de la vida. Desde el sesenta y ocho, con la revolución triunfante, influye en la enseñanza pública. Era su destino, era jardinero de almas. En setenta y cinco, con la restauración monárquica, vuelve a unirse a los perseguidos, y salva —huyendo como Noé en su Arca— la cultura romántica. El ministro que lo perseguía tiene un nombre medieval y eclesiástico: Orovio. Orovio hace encarcelar en un castillo de Cádiz a Francisco Giner, presa de la fiebre. Francisco Giner rechaza el auxilio que le ofrece Inglaterra, porque «el gobierno español sabe lo que hace». Orovio flaquea: el santo es excarcelado, pero se le destituye de su cátedra. Vuelve el santo a Madrid: funda la Institución Libre de Enseñanza.

Y he aquí como tampoco le faltó fundar una orden. No sé bien si es una orden monástica, pero me parece que es una orden de caballería; aunque tal vez ambas cosas paran en una. Y de aquí proceden los nuevos caballeros de España. Los hombres del noventa y ocho —pléyade improvisada y callejera, hija de su propia desesperación— acaban por coincidir más o menos con él, que representa lo orgánico, lo institucional. La inmensa devoción del santo produce frutos por mil partes. «Influyó siempre —leo en un periódico— de una manera interna, pura e ideal en muchos movimientos y en muchas instituciones que nadie creería relacionadas con él.» Las instituciones que de él proceden directamente forman sin disputa el grupo avanzado de la cultura española.

Este hombre se ha multiplicado como una divinidad indostánica, para asilarse en el corazón de todos sus adeptos. Y desde allí funda y reforma. Porque —hay que subrayarlo—, como buen místico español, era descontentadizo. (En el fondo de la mística, ¿no es verdad que alienta la herejía? Las prudentes madres superioras prohiben, por eso, a las pupilas, que cultiven el éxtasis.) Después del Concilio Vaticano, Francisco Giner se aparta de la Iglesia Católica.

Si Francisco Giner no está precisamente en el origen de todas las orientaciones actuales, es indiscutible que todos los hilos han pasado por sus manos. Su influencia personal es tan honda que abunda quien le deba hasta algunos de sus ademanes más habituales, y aquella manera de exclamar: «¡Por Dios, por Dios!» En las dos o tres conquistas de la gente nueva, él ha intervenido. Es a saber: en la política, sustitución de la listeza por la honradez; en la ciencia, sustitución de la fantasía por la exactitud; en el trato humano, abolición de lo público teatral. (Los hombres se salvarán por la intimidad, por el trato de hombre a hombre.) En la instalación de la vida, sustitución del color local por la adecuación y por la higiene. ¡Cuánto hemos pensado —visitando los pabellones, los jardines, la biblioteca de la Residencia de Estudiantes— en el quevedesco pupilaje del Dómine Cabra que, aunque segoviano, podemos imaginar situado hacia la calle de Jácome Trezo, donde en fuerza de ayunar, al Buscón y a su señor don Diego se les poblaba el estómago de alimañas!

ÍNDICE GENERAL

Introducción, por *Héctor Perea* 7

CARTONES DE MADRID
[1914-1917]

A mis amigos de México y de Madrid, salud 23
    I. El infierno de los ciegos 25
   II. La gloria de los mendigos 27
  III. Teoría de los monstruos 31
  IV. La fiesta nacional 33
    V. El Entierro de la Sardina 37
  VI. El Manzanares 43
 VII. Manzanares y Guadarrama 47
VIII. Estado de ánimo 51
  IX. El derecho a la locura 53
    X. Ensayo sobre la riqueza de las naciones 61
  XI. Voces de la calle 65
 XII. Las roncas 69
XIII. Canción de amanecer 71
XIV. La prueba platónica 73
 XV. El Curioso Parlante 77
XVI. Valle-Inclán, teólogo 81
XVII. Giner de los Ríos 87

SE TERMINÓ DE IMPRIMIR ESTE LIBRO, *CARTONES DE MADRID*, EL DÍA 23 DE OCTUBRE DE 1989, EN LOS TALLERES GRÁFICOS TAVE/82, LEGANÉS, MADRID, AL CUMPLIRSE EL CENTENARIO DEL NACIMIENTO DEL AUTOR. LA EDICIÓN HA ESTADO AL CUIDADO DEL DEPARTAMENTO DE PRODUCCIÓN DE F.C.E., MADRID.

PQ 7297 .R386 C37 1989
Reyes, Alfonso, 1889-1959.
Cartones de Madrid